Le Chevalier Joseph JOÛBERT

Membre Correspondant de la Sociedade de Geographia de Lisboa

DOM CARLOS IER

ROI DE PORTUGAL

PARIS
IMPRIMERIE AIX
1908

DOM CARLOS IER

ROI DE PORTUGAL

DOM CARLOS Ier

Le Chevalier Joseph JOÛBERT

DOM CARLOS IER

ROI DE PORTUGAL

PARIS

IMPRIMERIE

1908

DOM CARLOS IER

ROI DE PORTUGAL ⁽¹⁾

C'est avec stupeur et une profonde indignation que la France doulou-
reusement émue a appris l'abominable forfait qui, au commencement
de février, a ensanglanté le trône de Bragance et fait deux augustes
victimes, Dom Carlos Ier et son jeune fils le prince héritier. Il n'y a pas
d'anathèmes assez virulents pour stigmatiser et maudire des crimes
aussi odieux qui révoltent la conscience publique et provoquent une
généreuse pitié chez toutes les nations civilisées.

Avec Carlos Ier, lâchement assassiné, disparaît une figure sympathique
et originale de souverain moderne. Né à Lisbonne, le 28 septembre 1863,
fils de Dom Luiz Ier et de Maria-Pia, fille de Victor-Emmanuel et aujour-
d'hui reine douairière, Dom Carlos, alors duc de Bragance, fut élevé
avec grand soin à Oporto par des précepteurs portugais et reçut une
instruction aussi étendue qu'approfondie.

« Enfant, dit son biographe le comte de Colleville (2), le prince était
de taille élancée, rappelant l'élégante jeunesse de son père, les yeux
bleus, le teint blanc et rose et la fine moustache, très joli garçon ; on
retrouvait dans ses traits si distingués l'expression un peu fière de sa
mère, jointe à la douceur sympathique de Dom Luiz. »

Ayant de remarquables aptitudes pour les langues, le duc de Bragance apprit l'italien, le français, l'allemand, l'anglais, etc., qu'il parlait
couramment et avec une égale facilité ; on peut dire qu'il était presque
polyglotte et en plus très versé dans la littérature des différentes
nations. Cavalier accompli, le prince dressait lui-même les chevaux les
plus fougueux et, excellent nageur, il réussit à sauver plusieurs fois des
personnes qui se noyaient. C'était en outre un *aficionado* passionné de
tauromachie. On sait qu'en Portugal, pays dont les populations avaient

---

(1) Extrait de la *Revue Française*, Paris, mars 1908.
(2) *Carlos Ier intime* (la Jeunesse du Duc de Bragance), Paris.

la réputation de mœurs douces et ennemies du sang répandu, même
chez les bêtes, les courses de taureaux ne se terminent point par
l'immolation de l'animal ; les *toreros*, qui ne deviennent pas des mata-
dors, y font surtout assaut d'agilité et rivalisent dans l'art moins cruel
de planter élégamment des banderilles bariolées dans la nuque du taureau. Mais un jour, piqué au vif par une dame de la cour qui raillait
les précautions prises pour prévenir des accidents en enveloppant de
ouate les cornes de la bête, le duc de Bragance releva fièrement le défi ;
le prince bondit dans l'arène et attendit de pied ferme, l'épée d'une
main et la *muleta* (drapelet rouge) de l'autre, le taureau furieux fonçant,
les cornes libres et menaçantes, sur le toréador improvisé qui, par une
habile retraite de corps, évita le coup, peut-être fatal. (La destinée voulait que Dom Carlos tombât plus tard frappé par la balle meurtrière
d'un régicide !) Inutile d'ajouter que les assistants enthousiastes, qui
avaient été saisis d'une poignante angoisse, éclatèrent en bravos fréné-
tiques. Le roi, qui se plaisait à raconter cette téméraire aventure de jou-
venceau, ajoutait en riant que jamais prince n'avait couru plus vite que
lui en cette frasque, et il terminait par cette boutade, en faisant allusion
à son embonpoint : « Voilà une prouesse que je ne pourrais plus me
permettre ! » Enfin le prince, qui avait appris l'escrime à l'école du
célèbre maître d'armes italien Franco Vega, était une « excellente lame »
au jeu sûr et rapide.

Doué d'une rare vigueur, d'une étonnante agilité, le roi excellait
tous les exercices de sport, mais c'est comme chasseur et comme tireur
qu'il était hors de pair. « Son tir méthodique, précis, si rapide, surtout au perdreau, émerveillait toutes les personnes assistant à ces
invraisemblables hécatombes, où les nombreuses victimes du fusil royal
jonchaient la terre (1). » Aussi, au cours de ses chasses giboyeuses de
Villaviciosa, sur la frontière d'Espagne, abattait-il quantité de bécasses,
lynx, sangliers, gibier de toute sorte. Ses exploits de tireur sont de même
restés renommés en France, où on n'a pas perdu le souvenir du fameux
match de Rambouillet entre le président Félix Faure et le monarque
portugais, qui sortit vainqueur de l'épreuve chaudement disputée.

Dom Carlos montrait aussi de brillantes qualités de virtuose et
d'artiste ; peut-être en avait-il hérité de son ancêtre le prince Ferdinand

____

(1) *Sa Majesté Carlos Ier. — La Chasse illustrée, la Vie rurale et sportive*, Paris,
16 février 1908.

de Saxe-Cobourg-Gotha, l'époux de Maria II da Gloria, « artiste jusqu'au bout des ongles, suivant les dires mêmes du prince de Joinville,
musicien, aquarelliste, aquafortiste, céramiste remarquable, bref détes-
tant la politique ». Dom Carlos, qui avait une belle voix de ténor,
chantait avec goût de brillants morceaux d'opéras italiens et français ;
mais la peinture fut toujours son délassement favori ; il peignait à
l'huile et surtout à l'aquarelle non pas en amateur, mais en artiste de
réel talent ; il exposa maintes fois à Lisbonne et à Paris, à la Société
Ars et Caritas, des œuvres de haute valeur, par exemple : *Le lever des
filets d'une drague*, d'un heureux mouvement, *Un chef de tribu africaine*,
d'allure superbe, *le Hallebardier*, d'une exécution aussi sincère qu'élégante, et les jurys, qui récompensaient l'exposant, dénué de toute
prétention, oubliaient facilement que sur le chevalet de ce peintre
modeste et de *si illustre lignée* il y avait une couronne royale. Traitant
avec délicatesse le portrait (témoin celui de l'infante Eulalie ornant le
palais *das Necessidades*), l'artiste princier préférait peindre à l'aquarelle
des « marines » aux lueurs fauves, aux ondes harmonieuses et trans-
parentes. « Voilà un monarque, a dit de lui le célèbre sculpteur Rodin,
qui, s'il n'était roi, serait tout simplement un grand peintre ! »

Dom Carlos Ier s'intéressait également aux études historiques ; par
exemple il a fondé à ses frais des cours d'archéologie portugaise et
prélevé sur la cassette royale de généreuses récompenses décernées aux
auteurs des meilleurs mémoires sur les antiquités nationales. Collec-
tionneur, il avait réuni de rares spécimens de la conchyliologie et pos-
sédait des connaissances étendues dans l'ornithologie portugaise. De
même qu'Albert Ier de Monaco, Dom Carlos portait un vif intérêt aux
études océanographiques ; et, comme ce prince, l'auteur de *La carrière
d'un navigateur*, le roi de Portugal aurait pu dire : « La conscience des
Princes, longtemps soumise aux traditions improgressibles, peut être
touchée maintenant par les leçons de la Nature et de la Science ! »

Le monarque portugais aimait à passer des journées entières sur les
flots, le long des côtes pittoresques, se laissant bercer par la poétique et
enchanteresse rêverie des scènes et des horizons maritimes, mais le plus
souvent absorbé par les rudes travaux d'exploration des fonds des mers
qu'il dirigeait avec une inlassable ardeur. Monté sur son beau yacht
Amélie pourvu d'un aménagement tout spécial, le roi navigateur faisait
alors opérer des sondages bathométriques, cueillir dans les abîmes sous-

marins de curieux spécimens de la faune et de la flore pélagiques, que l'on préparait avec des soins extrêmes pour enrichir au retour son magnifique musée océanographique de Lisbonne.

« Não era somente o prazer da pesca que o animava ; era o prazer do sabio, que encontra e estuda especies desconhecidas (1). »

« Ce n'était pas seulement le plaisir de la pêche qui l'animait ; c'était surtout le plaisir éprouvé par le savant qui découvre et étudie des espèces inconnues. »

D'ailleurs le royal marin, penché sur la drague pour ravir à l'Océan ses étranges arcanes, se doublait d'un remarquable écrivain scientifique. Sous la modeste signature de *D. Carlos de Bragança* le monarque investigateur a publié — tant en français qu'en portugais — des études révélatrices de valeur incontestable et qui ont justement mérité au roi la réputation d'un océanographe des plus distingués.

Lorsque le duc de Bragance eut atteint l'âge de dix-huit ans, son père le nomma enseigne de vaisseau et lui fit faire à bord du *Vasco de Gama* le tour du monde ; le commandant du navire de guerre portugais ayant l'ordre de ne lui épargner ni fatigues, ni tâche pénible du métier de marin. Puis, après avoir terminé ses stages d'officier de marine et de colonel de cavalerie et étudié, sous l'égide paternelle, tout le mécanisme administratif du royaume, le prince héritier entra à la Chambre des Pairs, comme la constitution lui en donnait le droit, et prit une part active aux travaux parlementaires.

Cependant il fallait penser à assurer l'avenir de la dynastie ; et le choix du prince, qui songeait à se marier, s'arrêta sur la princesse Amélie de France (2), fille du comte de Paris, joignant aux charmes de la beauté les plus exquises qualités d'esprit et de cœur, elle aussi aquarelliste très distinguée, douée d'une intelligence élevée et dont la bienfaisance si connue à Lisbonne est devenue proverbiale dans sa nouvelle patrie. Ses sujets, pénétrés d'une reconnaissance émue, n'appellent-ils pas leur reine bien-aimée « l'Ange de la Charité » ? (3).

---

(1) Dom Carlos Iᵉʳ, *Portugal em Africa*, 22 de fevereiro 1908.

(2) Née à Twickenham, en Angleterre, le 28 septembre 1865 ; venue pour la première fois en France à l'âge de six ans, la princesse avait presque toujours habité le château d'Eu avant son mariage.

(3) Le dispensaire *Amélie*, entretenu sur les ressources personnelles de la souveraine et réservé aux enfants pauvres de Lisbonne, ainsi que le dispensaire antituberculeux sont des créations de la Reine.

Ce fut une union inspirée par le sentiment, car le duc de Bragance disait volontiers qu'il voulait épouser une princesse suivant son cœur!

Les fiançailles du prince héritier de Portugal et d'Amélie de France eurent lieu, le 7 février 1886, à Paris; le 15 mai, une fête splendide réunissait à l'hôtel Galliera toute la haute société parisienne, les personnalités les plus marquantes de l'aristocratie, des lettres et des arts ainsi que le corps diplomatique, tous venus féliciter les heureux fiancés. On se souvient que la somptueuse réception donnée à cette occasion par le comte et la comtesse de Paris servit de prétexte au décret de bannissement des chefs de famille ayant régné sur la France.

Une fois de plus, par cet éclatant mariage, se resserraient les liens entre le Portugal et notre pays. On sait que le fondateur de la monarchie portugaise était un Français, le comte Henri, petit-fils de Robert Ier, duc de Bourgogne et frère d'Henri Ier, roi de France. Vers la fin du xie siècle, « avant même la fondation du *comté portucalense* les chevaliers français, comme Raymond, fils de Guillaume de Bourgogne, s'enrôlèrent sous le drapeau d'Alphonse VI, roi de Léon, de Castille et de Galice, d'où naquit la Patrie portugaise », a dit M. de Almada Negreiros, l'écrivain colonial bien connu, au banquet d'adieu donné aux étudiants de Coïmbre venus à Paris en 1906. Henri de Bourgogne avait accompagné son cousin Raymond et épousa la fille d'Alphonse VI, Dona Thérèsia. Il reçut en dot le gouvernement de *Portocale*, qui avait Guimaraëns comme capitale et, en 1095, se sépara de la Galice.

D'Affonso Henriques, son fils, gagna sa couronne royale à la pointe de l'épée et, vainqueur des Musulmans dans les plaines d'Ourique, le 25 juillet 1139, fut proclamé roi par tout son peuple enthousiaste. Quelques siècles plus tard nous retrouvons encore les souvenirs d'une alliance matrimoniale entre la Lusitanie et le royaume en deçà des Pyrénées: en 1666, Alphonse VI de Portugal épousa une princesse de race française, la duchesse de Nemours et d'Aumale (1).

A deux siècles d'intervalle environ Lisbonne en fête et toute à l'allégresse acclamait une autre belle et gracieuse fille de France, la princesse Amélie; cette fois l'antique tradition avait été interrompue: la fiancée,

____

(1) Pour les relations entre les deux pays, consulter *Les Portugais en France et les Français en Portugal*, par R. Francisque Michel, Paris, 1882.

au lieu de venir par mer, était arrivée dans son futur royaume par un mode de voyage plus rapide : le chemin de fer.

Le mariage religieux fut célébré en grande pompe, le 22 mai, à la cathédrale de *la Sé* par le cardinal patriarche Mgr Neto, entouré de ses flabellifères et des membres du chapitre.

« A midi, a écrit un ancien ministre de France à Lisbonne (1), les souverains sortent d'Ajuda, pour se rendre à *la Sé*. Un détachement de cavalerie ouvre la marche. Après caracolent les grands dignitaires du palais avec leurs insignes *(Porteiros da canna, Reis de armas, Passavantes).* Le Roi et la Reine, avec le Prince royal et l'infant Dom Auguste, paraissent ensuite dans un carrosse doré du xviie siècle, traîné par huit mules. Le grand écuyer chevauche à la portière de droite ; le commandant de la garde royale, à gauche. Derrière se groupent, aussi à cheval, les officiers de l'état-major du roi et des altesses.

» Sept autres carrosses dorés suivent à la file, portant la grande-maîtresse, les dames d'honneur, les chambellans et les hauts fonctionnaires du palais. Un second détachement de cavalerie forme l'arrière garde. On imagine l'éclat de cette processsion, qui se déroule au soleil, tout le long des quais ; les curieux empressés sur le passage ; les jupes rouges des *varinas* et les bonnets verts des *gallegos* ; le scintillement des *azulejos* ; les drapeaux aux fenêtres ; les oriflammes aux mâts des navires ; les eaux miroitantes du Tage ; les fumées des salves ; et, pour toile de fond, les silhouettes vaporeuses de Palmella se profilant sur l'azur.

» Un quart d'heure plus tard, un autre cortège quitte le palais *das Necessidades*. Dans la première voiture la princesse Amélie, en satin blanc tout uni, avec le voile garni de dentelles et les fleurs d'oranger. Elle est accompagnée de ses parents et de l'infant Don Alphonse, frère du fiancé. Derrière, sept carrosses emmenant les autres princes d'Orléans et les princes délégués, avec les personnes de leur suite. »

La veille, M. Billot, ministre de France à Lisbonne, chargé de représenter le gouvernement français au mariage du prince héritier, avait été reçu solennellement par le roi. M. Billot s'était ainsi exprimé :

---

(1) *Un mariage princier en Portugal* (1886), par Billot. *(La Revue de Paris,* 1er nov. 1905.)

« Sire,

» Monsieur le Président de la République française m'a donné l'honorable mission d'exprimer à Votre Majesté le vif intérêt qu'il porte à tout ce qui touche la famille de Portugal, pays ami de la France, ainsi que la sympathie avec laquelle son gouvernement envisage une union qui doit établir un lien de plus entre les deux pays. »

Et le Roi, avec infiniment de grâce, avait répondu :

« Monsieur le ministre,

» Je remercie le Gouvernement français de vous avoir choisi pour m'exprimer les affectueux sentiments dont vous venez de vous faire l'interprète. Le mariage d'une princesse française avec mon fils ne peut qu'être utile au Portugal et à la France. »

De ce mariage étaient issus deux fils : le prince héritier, victime de la récente catastrophe, Louis-Philippe, né au château de Belem, le 21 mars 1887, et le duc de Beja, né le 15 novembre 1889.

Au bout de deux années, le duc de Bragance, par suite de la maladie du roi son père, fut investi de la régence et, à la mort de Dom Luiz Ier, Dom Carlos Ier, âgé de 25 ans, monta sur le trône le 19 octobre 1889.

Les débuts du règne furent marqués par de graves complications avec l'Angleterre et le nouveau monarque dut faire preuve d'autant d'énergie que de décision. La Grande-Bretagne, aux insatiables ambitions, avait jeté son dévolu sur l'Afrique australe; à la suite de mauvaises chicanes, de démêlés à propos de la Rhodesia et du pays de Makololo, régions spacieuses et fertiles que convoitait l'Angleterre, et où le célèbre explorateur, le major portugais Serpa Pinto, avait déjà fait acte d'occupation, le gouvernement de Londres signifia brutalement un *ultimatum* à celui de Lisbonne, le 11 janvier 1890.

« Jamais en pleine paix on ne vit pareille audace. L'Angleterre, a écrit Mme Juliette Adam (1), après trois siècles d'exploitation du Portugal, n'est pas assouvie! Tant qu'il restera une terre, un ciel, une colonie, un *conto* au Portugal, l'Angleterre les réclamera comme siens! » Et à l'esprit de tout patriote revenaient les vers si cruellement vrais du grand Camoëns :

« Voyez l'Anglais, au cœur dur, a dit l'immortel chantre des Lusiades, il s'intitule le roi de l'antique et sainte cité qui gémit sous

____

(1) *La Patrie portugaise.* ch. L'Angleterre et le Portugal.

le joug honteux de l'Ismaéliste ; au milieu des neiges boréales et plongé dans les voluptés, il crée une nouvelle espèce de chrétienté. Il a l'épée nue et menace les fils du Christ ! »

Il fallut céder à la force : après diverses crises ministérielles et de pénibles négociations diplomatiques, le cabinet de Lisbonne, présidé alors par le général de Abreu de Souza, dut se résoudre à signer le malheureux traité anglo-portugais du 28 mai 1891 (date à jamais maudite en Lusitanie !). Par cette funeste convention étaient abandonnées à la puissance britannique les magnifiques contrées de l'intérieur de l'Afrique par lesquelles les descendants de Vasco de Gama et d'Albuquerque s'étaient bercés de l'espoir de réunir un jour leurs colonies séparées de l'est et de l'ouest, leurs immenses possessions du Mozambique et de l'Angola !

On sait que les dures nécessités de la politique ont fait du Portugal l'allié de l'Angleterre ; mais il est permis de supposer que dans le cœur blessé du nouvel allié, plus ou moins volontaire, subsistait quelque secret ressentiment. Il y a des blessures nationales qui ne se guérissent jamais ! La France, pour sa part, amputée de ses chères provinces, l'Alsace et la Lorraine, en sait quelque chose...

Pour assurer l'indépendance d'un pays il faut une armée, et c'est à Carlos Ier que revient l'honneur d'avoir relevé la puissance militaire du Portugal, qui, grâce aux réformes accomplies sous le règne du défunt monarque, pourrait rapidement mobiliser 230.000 hommes. La marine de guerre a été aussi l'objet de la sollicitude spéciale du roi, qui ne pouvait oublier le glorieux passé du Portugal, fier des grandes découvertes maritimes de ses illustres *descobridores*, ni l'étendue de ses côtes, ni non plus l'importance et la prospérité de ses colonies africaines quoique dépouillées de vastes territoires par les rapts de l'Angleterre.

C'est ainsi que, malgré des embarras financiers, Dom Carlos, à force de persévérance, est parvenu à substituer aux cuirassés démodés des croiseurs plus rapides et mieux appropriés à la nouvelle tactique navale ; enfin, le souverain s'efforça de toutes façons de trouver de nouveaux débouchés pour les produits portugais, de donner un plus vigoureux élan à l'industrie nationale et de développer avec intensité les ressources productives des possessions extérieures de la Monarchie, surtout en Afrique.

Guidé par la perspicacité de son intelligence supérieure et fidèle aux nobles traditions de ses aïeux, le Roi était persuadé que l'avenir même de la métropole restait intimement lié à la prospérité grandissante de ses belles colonies. Aussi l'Empire d'outre-mer de la Lusitanie (1), à l'essor duquel le monarque s'intéressait si vivement, était-il entré dans une ère très florissante. Il est vrai que le souverain a été secondé dans cette œuvre aussi ardue que fructueuse par des hommes d'État et des Administrateurs de premier ordre ; il suffit de citer les noms des ministres des Colonies qui furent, au cours de ces dix ans, investis de la haute confiance du Roi : Barros Gomes, Jacintho Candido, Eduardo Villaca, Dias Costa, Teixera de Souza, Moreira Junior, et dont l'intelligente activité s'exerça sur un empire colonial de près de 2.300.000 kil. carrés avec une population dépassant 20.000.000 d'habitants ; car, comme l'a dit avec tant de vérité M. de Almada Negreiros : « Toute la vaillance et tout le patriotisme des Portugais — ces Phéniciens » modernes — éclatent dans la simple et formidable éloquence de ces » chiffres! (1) » C'est sous l'habile gouvernement de ces ministres, stimulés sans cesse par la féconde initiative royale, que furent construits en Afrique, aussi bien au Mozambique qu'à l'Angola, tant de chemins de fer, tant de kilomètres de lignes télégraphiques, que furent exécutés tant d'importants travaux pour l'amélioration des ports africains sur l'Atlantique ou la mer des Indes.

Dom Carlos Ier (et ce sera sans doute là son plus grand mérite aux yeux de la postérité) ne perdit jamais de vue le but grandiose, l'œuvre maîtresse réservée dans le noir continent à la généreuse mission civilisatrice du Portugal : soit la pénétration dans l'intérieur de l'Afrique, effectuée par la Lusitanie, toujours attachée à ces deux principes sacrés, la conservation et le progrès moral des races indigènes, que les Portugais savent conquérir par leur génie à la fois humanitaire et assimilateur. Préférant de beaucoup la méthode douce et pacifique au système violent et belliqueux, le gouvernement portugais ne se résignait qu'à la dernière extrémité à recourir aux armes pour assurer sa domination sur l'*hinterland* relevant de sa souveraineté. Cependant, en 1896, par exemple, pour soumettre le roi nègre Gugunhana, au Mozambique, il

(1) « Le Portugal, a écrit de son côté le Secrétaire général de la Société de Géographie » de Lisbonne, par l'immense étendue et l'importance des possessions d'outre-mer » qui lui restent, occupe le troisième rang parmi les nations coloniales. » — *Colonias portuguezas*, par Ernesto J. de C. e Vasconcellos.

fallut employer des forces militaires, et on n'a pas oublié les exploits de
Mousinho d'Albuquerque, dont le nom si fameux résonne comme une
éclatante fanfare de gloire dans les fastes coloniaux de la Lusitanie et
qui, à la tête d'une poignée de braves, brisa la redoutable puissance
d'un potentat disposant de 40.000 guerriers! Ainsi s'est déroulée, sous le
règne de Dom Carlos Ier, une nouvelle épopée militaire, digne d'inspirer
le génie poétique d'un Camoëns moderne et dont les dernières pages
furent brillamment illustrées par les prouesses de la colonne expédi-
tionnaire (1), opérant à 600 kilomètres de la côte dans la région du
Cuamatui et qui, sous la conduite de l'héroïque capitaine Roçadas,
enleva si vaillamment le fort défendu avec fureur par des milliers de
farouches Cuamatas (août 1907)!

Une fois de plus les intrépides enfants du Portugal renouvelèrent les
admirables faits d'armes des antiques soldats lusitaniens, témoins des
superbes exploits d'Ormuz et des sièges si fameux de Diu! Autour du
règne mémorable de Dom Carlos Ier rayonnera aussi dans l'histoire,
comme a brillé autour de celui d'un Jean II ou d'un Emmanuel le
Fortuné, ses célèbres aïeux, une radieuse auréole de gloires militaires
et coloniales!

Malheureusement Dom Carlos avait toujours à compter avec les
âpres et ardentes rivalités des personnalités politiques : depuis son avènement deux partis (à l'exemple de ce qui s'est passé en Espagne
avec les conservateurs et les libéraux sous les ordres de Canovas del
Castillo et de Sagasta) occupaient le pouvoir à tour de rôle, suivant un
système dit *rotatif* : les *régénérateurs*, qui avaient pour chef M. Hintze
Ribeiro, et les *progressistes* (libéraux), que dirigeait M. Luciano de
Castro. Un jour vint cependant où, fermement résolu à mettre fin à
des abus excessifs et ruineux, le Roi, dissolvant la Chambre des députés
sans faire appel à de nouvelles élections, donna en quelque sorte carte
blanche à M. Franco, qui exerça une quasi-dictature, excusable par
l'impérieux besoin de réformes, mais trop contraire aux principes du
parlementarisme et de la constitution du royaume. Des émeutes éclatèrent, les Républicains, les partis adverses, mêmes dynastiques, se
coalisèrent, des complots s'ourdirent et on sait comment l'Europe

---

(1) Cette expédition fut remarquablement organisée par les conseillers Ayres de
Ornellas, ministre des Colonies, et Païva Conceiro, gouverneur général de l'Angola,
secondés par le grand colonial Dias Costa.

stupéfaite apprit l'odieuse tragédie qui, par un double assassinat, mit en deuil le Portugal et la Maison de Bragance, si cruellement frappés.

Rappelons que Dom Carlos, qui s'exprimait si purement dans notre langue et aimait beaucoup la France, à laquelle il devait le plus bel ornement de son foyer domestique et le plus étincelant joyau de sa couronne, savait apprécier à leur valeur la littérature et les arts de notre pays, où il vint, à diverses reprises, soit seul, soit avec la reine. On n'a pas oublié, en particulier, le séjour que fit à Paris, à la fin de novembre 1905, le roi de Portugal ; visitant les principaux monuments et les curiosités les plus remarquables de la capitale, il fut partout acclamé par la population parisienne, que sa royale courtoisie et sa belle humeur si sympathique avaient gagnée et séduite de prime abord. On sentait que le monarque, très à l'aise et heureux parmi nous, avait plaisir à oublier les soucis du pouvoir dans ce merveilleux foyer de lumières intellectuelles et artistiques ; le souverain de la Lusitanie, époux d'une princesse française si admirée, était d'emblée devenu très populaire à Paris.

Il est intéressant de rappeler les discours échangés alors (24 novembre) par le Président du Conseil municipal de la capitale et le roi de Portugal, lors de la réception faite au souverain à l'Hôtel de Ville :

« Sire, dit le premier magistrat de la cité, au nom du Conseil municipal de Paris, j'ai l'honneur de remercier Votre Majesté de la visite qu'elle veut bien faire à l'Hôtel de Ville.

» Je salue en sa personne le représentant d'un peuple pour lequel la population parisienne a des sentiments d'estime, d'amitié et de sympathie.

» Paris n'ignore pas le rôle du Portugal dans l'histoire de la civilisation ! Par la hardiesse de ses navigateurs, l'audace de ses enfants, il fut un bon ouvrier de la Renaissance : grâce à ses découvertes géographiques — tous les historiens en font la remarque — la scolastique céda la place à la science véritable, fille de la fréquentation directe des choses ; pays moderne, il brûle du souci ardent du progrès ; nation féconde, il peuple de ses essaims la route tracée par les ancêtres.

» A ces sentiments d'admiration et d'estime, Sire, nous joignons maintenant un sentiment de reconnaissance ; l'accueil chaleureux que

le Portugal a réservé à notre Président a fortifié singulièrement l'ancienne
amitié, si naturelle entre deux peuples de commune origine. Je suis
heureux de l'occasion qui s'offre de vous présenter ici les remerciements
de Paris.

» Nous espérons, Sire, que l'artiste qui est en vous, aidera le Roi à
garder le souvenir de sa visite dans cette maison, où le Conseil municipal s'est efforcé de réunir quelques belles œuvres des maîtres de l'art
contemporain. »

Le Roi remercie alors en termes fort gracieux pour l'aimable accueil
qui lui est fait, puis il termine en disant :

« J'ai déjà eu, à plusieurs reprises, le plaisir de visiter cette belle
capitale, dont le nom signifie grandeur, richesse et beauté, et chaque
fois j'en ai emporté un souvenir plus cher et plus durable. Confiée à
votre sollicitude éclairée, la ville de Paris s'embellit chaque jour, et
l'attraction, le charme qu'elle exerce sur le monde entier se double
encore de la vive sympathie que ne peut manquer d'inspirer sa population si intelligente et si hospitalière.

» Je suis heureux de venir de nouveau admirer les chefs-d'œuvre
dont vous et vos intelligents prédécesseurs avez enrichi votre superbe
Hôtel de Ville... mais, laissez-moi vous le dire, je suis encore plus
heureux de cette si charmante et cordiale réception que vous me faites
et qui me donne l'occasion, encore une fois avant de partir, de vous
exprimer, comme roi de Portugal et au nom de mon pays, les vœux que
tous nous formons pour le bonheur et pour la prospérité du beau pays
de France ! »

Dom Carlos visita aussi plusieurs fois l'Angleterre, toujours choyé et
fêté par un monarque aussi diplomate qu'Édouard VII, connaissant le
prix d'une alliance avec un peuple petit, il est vrai, comme le Portugal,
mais si actif, si industrieux, encore maître d'importantes colonies et
sur lequel les Iles Britanniques exercent presque un monopole com-
mercial et financier, peut-être... un peu lourd et accaparant.

On ne peut que déplorer qu'une aussi épouvantable catastrophe ait
brutalement mis fin au règne d'un monarque doté d'éminentes qualités, qui s'appliqua sans cesse à développer les ressources économiques
de son royaume, prince éclairé, ami des lettres et protecteur des arts,

LE PRINCE HÉRITIER LOUIS-PHILIPPE

qui jusqu'en ces derniers temps avait fait preuve d'un esprit politique
très délié, mais qu'une incompréhensible erreur entraîna à soutenir,
contre vents et marées, un ministre autocrate et frappé d'une trop
dangereuse impopularité, hélas! fatale à son royal maître.

On sait que les balles régicides n'épargnèrent pas le prince héritier
(assassiné aux côtés de son père), l'infant Louis-Philippe, doué d'une
intelligence fort vive, d'une nature bien sympathique, d'une belle pres-
tance et dont l'éducation très complète avait été l'objet des soins les
plus attentifs.

« A dix-huit ans officier de lanciers, le duc de Bragance, a écrit le
comte de Colleville, avait déjà toutes les aptitudes d'un officier d'état-
major. Grand, bien planté, blond comme son père, avec ces délicieux
yeux bleus des d'Orléans, charmant comme sa mère, il était certaine-
ment le plus élégant officier qu'on pût citer en Europe. »

Le prince héritier avait déjà fait son apprentissage de souverain,
ayant, pendant l'absence de son père qui visitait Paris et Londres,
exercé la régence avec une sagesse précoce et gravement présidé le
conseil des ministres. Le Portugal fondait par suite de grands espoirs
sur le duc de Bragance, qui était passionné pour la mer et s'intéressait
avec ardeur aux questions maritimes et coloniales. Il revenait depuis
quelques semaines à peine d'un long et fructueux voyage d'études
qu'il avait accompli sur les côtes ouest et est d'Afrique, pour connaître
les ressources et les besoins du bel empire d'outre-mer fondé et agrandi
par les prouesses de ses illustres aïeux.

Quant au duc de Beja, aujourd'hui Manuel II (1), lui aussi fort
heureusement doué, mais d'un caractère plus expansif que son frère,
plus adonné aux choses d'art et de littérature, et préférant les
Lettres aux sports (2), c'est par miracle que, lors de l'horrible tragédie,
il a échappé à la mort, la blessure qui l'a atteint ayant été, grâce à

---

(1) Le duc de Beja, lui aussi, avait fait un voyage d'études, visitant, en 1903, avec
son frère et la reine Amélie, Carthage, toute l'Égypte, Constantinople, la Palestine,
Naples, Rome et la Sicile.

(2) « Il n'était pas rare de rencontrer dans le parc de Cintra le duc de Beja, étendu
sur le gazon à l'ombre de quelque arbuste fleuri et absorbé dans la lecture de l'Histoire de France ou d'un roman (plus moderne) de Bourget, encore humide de l'encre
des typographies de Montmartre... »

Dieu, légère. On sait que, malgré son jeune âge, malgré l'émotion
qui l'étreignait, le nouveau roi de dix-huit ans a, dans des heures d'angoisse, assumé le pouvoir suprême avec une noble résolution, soutenu
et guidé par la reine Amélie, veuve inconsolable, doublement frappée
dans ses plus chères affections d'épouse et de mère, mais admirable de
courageuse résignation !

La France, qui s'incline avec une respectueuse sympathie devant de
si grandes infortunes, accompagne de ses vœux les plus sincères
l'avènement de Manuel II et salue l'aurore attristée du règne du jeune
monarque, sur lequel reposent désormais les destinées du Portugal,
dont les glorieux fastes maritimes et coloniaux ont brillé dans l'histoire
du monde, d'un lustre si éclatant.

IMPRIMERIE CHAIX, RUE BERGÈRE, 20, PARIS. — 5470-3-08. — (Encre Lorilleux).